O princípio da co-culpabilidade e a sua aplicação no Direito Penal brasileiro

Rodrigo Ferrini da Rocha Costa

O princípio da co-culpabilidade e a sua aplicação no Direito Penal brasileiro

Ficha Catalográfica

COSTA, Rodrigo Ferrini da Rocha. O princípio da co-culpabilidade e a sua aplicação no Direito Penal brasileiro / Rodrigo Ferrini da Rocha Costa; - Independently published – 2020.

ISBN: 9798689212623

Co-culpabilidade - Direito Penal - Sistema Penal – Igualdade - Seletividade

Dedico esse singelo trabalho a minha família, com especial carinho a memória de meus avós maternos e patemos, respectivamente: Maria Corrêa, Orlando Corrêa, Benedita Rocha e Sebastião Rocha.

AGRADECIMENTOS

Agradeço acima de tudo a Deus pela força conferida na missão de agir segundo palavras, ideais e ações direcionadas à perpetuação da bondade e do amor.

A minha preciosa mãe Corina por significar pra mim tudo que há de mais puro em um ser humano; por ter me ensinado a caridade, o carinho e o amor incondicional ao próximo. Mulher de fibra inquebrável, fé inabalável, força inconteste, coração enorme que irradia para quem quer que seja a sinceridade e paz de uma pessoa santa. Meu eterno suporte e fonte de confidências onde derramei, e para sempre vou derramar, as já quase exauridas lágrimas de cansaço externadas pelo esforço perpétuo de buscar conforto àqueles em situação de necessidade e esquecimento. Meu profundo obrigado. "Com a senhora, ficou mais fácil ultrapassar as barreiras impostas pelas dificuldades, tornando-as meros degraus que, a cada dia, me levam mais próximo da luz".

Ao meu precioso pai Silsonmar por me servir de exemplo de vida, determinação, caráter e respeito. Homem de presença, de perseverança que me ensinou a luta pelo ideal de justiça e compaixão. Ser humano que nunca sucumbiu às dificuldades e empecilhos surgidos em seu caminho; sempre de cabeça erguida com o olhar focado na esperança de um futuro melhor para todos. Meu melhor amigo em cujos ombros, desde miúdo, me coloco a repousar tranquilamente, sabendo que ali estarei envolto por seus braços de segurança e afeto. Mostrou-me, desde a primeira infância, a magnitude da fé e a essência da bondade que lhe íntima. Meu paradigma de homem, meu exemplo de profissional. "Com o senhor, aprendi a determinação necessária àqueles que ousam enfrentar convenções postas, na procura da virtude superior da justiça e da igualdade entre as pessoas.

À família como um todo. Porém, com especial carinho a minha irmã Raquel que me ensinou a não desistir de perseguir um mundo onde todos, enfim, poderão dizer o que pensam independentemente daquilo que ostentam, tornando a vida à eficiência prática dos princípios, em gestos e palavras. Fazendo da ação imagem da nossa essência.

Por fim, com a possibilidade de ser injusto, agradeço a todos os meus amigos que estiveram próximos durante a minha trajetória, sejam aqueles que fizeram parte da minha primeira juventude, sejam aqueles que atualmente convivem comigo, bem como os professores do Centro Universitário Salesiano de São Paulo — unidade Lorena - pela dedicação e empenho na transmissão de conhecimento.

"Quem alcança seu ideal, vai além dele"
(NIETZSCHE, 2008, p.28)

PREFÁCIO

"A justiça tem numa das mãos a balança em que pesa o direito, e na outra a espada de que se serve para o defender. A espada sem a balança é a força brutal, a balança sem a espada é a impotência do direito."
(Rudolf von Ihering)

Até este momento ainda não apercebi o que incentivou o ilustre doutrinador Professor Rodrigo Ferrini da Rocha Costa a convidar-me para prefaciar sua novíssima obra. Muito provável seja o interesse em comum nutrido pela temática, que extrapola a normatividade jurídica e aconchega-se no sentimento de justiça e de proteção aos direitos humanos. Seja, talvez, o espírito combativo e incessante de resguardo dos princípios constitucionais que preservamos, enquanto desfilam, pelo palco fático do cotidiano brasileiro, os mais temerários e cevados atos criminosos.

Do livro, da obra que tenho em mão, cumpre-me afirmar ser composição rica, que transita pelos mais emblemáticos doutrinadores do Direito Penal. Rodrigo Ferrini, despojado de discursos pré-construídos, analisa com a profundidade e a didática que lhe são intrínsecas o princípio da co-culpabilidade e, ao mesmo tempo, oferece ao leitor uma grata experiência partindo-se da dogmática penal. Enfrenta, com delicadeza, o histórico e o conceito da culpabilidade e incentiva o leitor a entendê-lo sob a ótica teórica.

"Tais são os preceitos do direito: viver honestamente, não ofender ninguém, dar a cada um o que lhe pertence."
(Ulpiano)

Acertadamente, Rodrigo Ferrini propõe reflexão elementar da culpabilidade, progredindo às causas da exclusão da culpabilidade, referenciais teóricos que embasaram a introdução ao princípio da co-culpabilidade, na questão da sua origem histórica e seus reflexos no direito pátrio.

Noutro momento, envereda para a discussão do ideário no Direito Comparado e adverte o leitor dos vícios a que podem chegar pensadores incautos. Ponto sublime de construção na obra é verificado entre a discussão sobre a legislação penal da América Latina, que resulta de uma crise generalizada, inadequada às realidades nacionais, em profunda ponderação sobre o fenômeno da criminalidade e as suas causas estruturais numa sociedade injusta e desigual.

"As leis são um freio para os crimes públicos; a religião, para os crimes secretos". (Ruy Barbosa)

É impossível negar as tendências positivistas como tentativa de ser um instrumento social, conforme alerta o autor, quanto ao intento repressivo à periculosidade pré-delitual. Avizinhando-se do Direito comparado, magistralmente é elucidada a busca mais humanista e liberal do Direito Penal, invocando-se lições das mais consideráveis discussões dos países latino-americanos.

O leitor, à medida em que progredir na leitura, encontrará substanciosa e prazerosa

Prof. Antonio Sávio da Silva Pinto[1].

---

[1] Professor na Fundação de Ensino e Pesquisa de Itajubá - FEPI. Professor no Centro Universitário Salesiano de São Paulo, UNISAL. Coordenador científico da pós-graduação em Direito Constitucional no Damásio Educacional. Mestre em Direitos Sociais pelo Centro Universitário Salesiano de São Paulo, UNISAL. Especialista em Direito Penal e Processual pelo Centro Universitário Salesiano de São Paulo, UNISAL. Advogado. Fundador da MESTRA Educacional. Palestrante e consultor para implementação de metodologias ativas de aprendizagem. Fundador do LMi (Laboratório de Metodologias Inovadoras), que pesquisou e implementou metodologias ativas de aprendizagem no UNISAL.

Podemos definir a co-culpabilidade como a culpa compartilhada entre o Estado e o autor da prática criminosa, tendo como objetivo a redução da pena do referido autor, isto é, defende uma situação compensatória do Estado no momento em que, diante da sua omissão em promover serviços públicos essenciais à maioria da população, marcando a desigualdade social, por meio da falta de educação de qualidade, saúde, moradia, entre todos os outros direitos humanos, reflete a necessidade de constitucionalização e humanização do Direito Penal.

Desta forma, este livro retrata material importante para o desenvolvimento do aluno e do profissional do Direito e inspira um novo caminhar com discussões pertinentes relacionadas ao tema central.

Prof.ª Magda Cristina Nascimento Rochael [2]

---

[2] Possui graduação em Pedagogia pela FEPI - Centro Universitário de Itajubá (1994) e Mestrado em Educação pela Universidade Vale do Rio Verde (2005). Atualmente é Pró-Reitora Acadêmica e professora da FEPI - Centro Universitário de Itajubá.

A presente obra é um grande feito para o estudo do Direito Penal bem como para o estudo de políticas públicas voltadas a assegurar as liberdades e garantias constitucionalmente estabelecidas na Carta Política de 1988.

Como bem apresenta o autor, não se deve olvidar que a política criminal no Brasil é cambaleante e carente de soluções ou propostas de solução viáveis e eficazes. Nesse quadro que pouco inspira esperança, importante se mostra a discussão da existência ou não existência de parcela de responsabilidade do Estado na marginalização do indivíduo. Parcela de responsabilidade essa que poderia ser oriunda, *v.g.*, da falta de investimentos por parte do Poder Executivo em infraestruturas que estabeleçam padrões dignos de sobrevivência que sobreponha a mera subsistência, ou da atividade legiferante ineficiente por parte do Parlamento, ou a falta de padrão ou rigor na aplicação da lei penal por parte do Judiciário que, consequentemente, afasta os princípios almejados pela aplicação de pena como repressão Estatal adequada.

O autor tem uma visão muito feliz ao trazer do Direito Comparado uma teoria principiológica que apontaria uma possível solução a essa omissão Estatal que, na discussão que se propõe, reverbera na formação do agente como cidadão, influindo, drasticamente na forma como vive e se porta frente ao pacto social de nossa Carta Política. No entanto, ao atribuir parcela de culpa ao ferimento do pacto ao próprio ente Estatal, estar-se-ia, de certa forma, apontando "o dedo" para o Estado e chamando-o a responsabilizar-se pela falha em sua atuação.

Pode-se até observar a teoria pelo prisma meramente

progressista de enxergar no indivíduo uma vítima do "sistema". Porém, prefiro, com a leitura do trabalho, chegar a conclusão de que a teoria principiológica (a qual se propõe ser normatizada) estaria a forçar o Estado a ser mais responsável e atuante na aplicação das políticas públicas do que meramente atenuar a resposta e as consequências do ilícito penal.

Permito-me aqui não somente parabenizar o autor pela belíssima obra como enaltece-lo por suas virtudes e pelos princípios que pautam sua vida acadêmica e pessoal e espero que, com a graça de Deus, prossiga a contribuir para a construção de um país melhor para as gerações vindouras.

Guilherme G. Alves Taets[3].

---

[3] Advogado pós-graduado em Direito Processual e em Direito Constitucional e Administrativo.

INTRODUÇÃO

Essa obra tem como tema o princípio da co- culpabilidade e como objetivo central apresentar a verificação da possbilidade de sua aplicação no Direito Penal brasileiro, com vistas à busca pela efetivação de uma pena mais justa, levando-se em conta a realidade social em que estão inseridos os indivíduos.

Parte-se da premissa de que a sociedade não brinda a todos com iguais oportunidades, ou seja, alguns recebem mais cances de desenvolvimento enquanto outos não. Com base nisso, o princípio da co- culpabilidade, sugere que deve esta mesma sociedade arcar com sua parcela de culpa, juntamente com aquele a quem foi negada as diferentes oportunidades, quando da reprovação deste pelo cometimento do delito.

1. A CULPABILIDADE SEGUNDO A DOGMÁTICA PENAL

Esse capítulo será destinado ao estudo da culpabilidade enquanto elemento do crime. Inicialmente, discorreremos acerca do desenvolvimento histórico das teorias da culpabilidade, trazendo, ainda, seu conceito, de acordo com cada uma dessas teorias.

Superado este momento, serão analisados os elementos da culpabilidade, suas característlcas e seus requisitos.

Por fim, serão elencadas e explicadas as causas expressas de exclusão da culpabilidade

1.1 O desenvolvimento histórico da teoria e conceito da culpabilidade

No período primitlvo do Direito Penal, para a caracterização do crime e consequente aplicação da pena, bastava o nexo causal entre a conduta do agente e o resultado, sendo consagrada a responsabilidade penal objetiva.

As condições da pena sacral e da vingança de sangue

satisfaziarn- se com os aspecto objetivo do fato punível. Bastava a relação de causalidade física, que prende o fato como efeito ao homem como sua causa, para determinar a responsabilidade. A pana recaía, entào, sobre aquele que praticara o ato, tõsse este voluntário ou nào, ex istissem ou não condições de imputabilidade, o que juntava na mesma categoria de passíveis de imaturos penais (BRUNO, 1984, p.24).

"Este era o Direito Penal do resultado, da responsabilidade objetiva, que predominava entre os povos bárbaros, como os germanos, e no direito romano primitivo" (TELES 1996, p.351).

Entretanto, em razão da constante evolução do direlto de punir no tempo, somente a existência do nexo causal entre a ação e o dano não mais era suficiente à responsabilidade do agente, tornando-se indispensável, para tanto, a presença da vontade e da previsibilidade, cujo pensamento deu origem à responsabilidade subjetiva e às primeiras idéias de culpabilidade (M IRABETE, 2007).

Não se pode apontar com exatidão o momento hlstórico em que tal fenômeno ocorreu, mesmo porque a história do Direito Penal está marcada de retrocessos. Fora de dúvida, porém, é que, a partir de então, se começa a construir a noção de culpabilidade, com a introdução, na idéia de crime, de alguns elementos psíquicos, ou anímicos — a previsibilidade e a voluntariedade — como condição da aplicação da pena criminal - "nulltin crimes ifffe culpci " (TELES, 1996, p.352).

A partir de então, surge a concepção psicológica da culpabilidade, dando espaço, posteriormente, à teoria psicológico-normativa e culminando na teoria normativa pura, cujo perpassar evolutivo está relacionado com os conceitos de ação e de delito (clássico, neoclássico, finalista e normativista).

1.1.1 Teoria psicológica da Culpabilidade

"Historicamente, a teoria psicológica da culpabilidade é o resultado do positivismo científico (causalismo naturalista) do Século XIX, impulsionado pelos pensamentos de Darwin, Spencer e Comte" (PRADO, 2003, p.424). Para esta teoria, a culpabilidade é a relação psíquica (ou subjetiva) entre o autor e o fato, ou seja, a responsabilidade do autor pelo delito que praticou, no qual a ação "é um processo causal originado do impulso voluntário" (BITENCOURT, 2007, p.335).

Esta concepção viu na culpabilidade, isto é, nesse elemento que introduz o agente na estrutura do crime, o que nela era mais fácil de apreender: o momento pslcológico pelo qual o agente se faz realmente autor do fato punível. Para ela, a culpabilidade é uma situação anterior, fase subjetiva do crime — vontade consciente dirigida no sentido do ato criminoso, ou simples falta ao dever de diligência, de que provém um resultado previsível de dano ou de perigo (BRUNO, 1984, p.25)

Assim, a teoria psicológica denomina culpabilidade o que é agora considerado o aspecto subjetivo do tipo, retirando da teoria do delito sua dimensão normativa, no que tange à reprovabiltdade do autor (ZAFFARONI, 2003).

Dentro deste conceito, a culpabilidade não é mais do que uma descrição de algo, concretamente, de uma relação psicológica, mas não contém qualquer elemento normativo, nada de valorativo, e sim a pura descrição de uma relação (ZAFFARONI, 1999, p.603).

Nesta concepção, a culpabilidade era em sua totalidade formada pelo dolo ou pela culpa, que são suas espécies, eis que não apresentava nenhum outro elemento constitutivo. "O dolo é caracterizado pela intenção de se produzir o resultado, e a culpa, pelo contrário, é caracterizada pela inextstência desta intenção" (BITENCOURT, 2007, p.335).

De outro lado, para que esse vínculo psicológico pudesse ser considerado pelo Direito, era necessário, também, que o sujeito fosse imputável, noutras palavras, tivesse capacidade de entender o caráter ilícito do fato e de determinar-se de acordo com esse entendimento.

A imputabilidade funcionava como o precedente necessário da culpabilidade, de modo que a posição do agente na lei penal se dava em três molnentos, quais sejam: imputabilidade, culpabilidade e responsabilidade penal (BRUNO, 1984, p.26).

Entretanto, a teoria em comento apresentava-se insuficiente à conceituação e compreensão da culpabilidade, mormente porque reunia em sua essência dois elementos antagônicos, o dolo e a culpa. Assim, "se o dolo é caracterizado pelo querer e a culpa pelo não querer, conceitos positivo e nagativo, não podem ser espécie de um denominador comum, qual seja a culpabilidade (JESUS, 2007,p.460).

Outrossim, em seus fundamentos, não ordenava a imputabilidade, que ora era pressuposto do dolo e da culpa; não expllcava a culpa inconsciente, eis que inexistente a relação psicológica; não considerava o estado de necessidade exculpante e não compreendia a culpabilidade como um conceito graduável (PRADO, 2003).

Face essas incongruências, a teoria psicológica, acabou sendo superada pela descoberta dos elementos normativos e subjetivos do tipo, dando origem à teoria psicológica-normativa da culpabilidade.

1.1.2 Teoria psicológico-normativa ou normativa complexa da culpabilidade

Impulsionada pelo neokantismo[4] valorativo e tinalista,

---

[4] O neokantismo é um movimento filosófico nascido no hm do século XIX, com superação do positivismo, sem representar entretanto, sua ncgaçào. Propõe um conceito de ciência jurídica que supervaloraliza o dever ser. Com base em considerações axiológicas e materiais, substutui o método puramente jurídico tõrmal do positivismo, tendo como objeto e compreensão dos fenômenos e categorias jurídicas,

a culpabilidade passou a ter uma nova dimensão. A doutrina germânica, que teve à frente Reinhard Von Frank, constatou que somente o elemento psicológico não era suficiente para conceituar a culpabilidade (PRADO, 2003).

Frank, ao estudar o estado de necessidade inculpável, percebeu que existem condutas dolosas não culpáveis, quando diante da inexigibilidade de outro comportamento, não se tornam reprováveis (COSTA JUNIOR, 1986).

Frank, ao estudar o estado de necessidade inculpável, percebeu que existem condutas dolosas não culpáveis, quando diante da inexigibilidade de outro comportamento, não se tornam reprováveis (COSTA JUNIOR, 1986).

A partir desta constatação, Frank verificou que o sujeito só podia ser considerado culpado, e de consequência merecer a sansão penal, quando o seu comportamento tiver sido reprovável, censurável, e isto só era possível quando ele tivesse possibilidade de conduzir-

---

muito além de sua simples definição formal ou explicação causal, partindo da dimensão valorativa do jurídico.

se de forma diferente (TALES, p.352, 1996).

No entanto, apesar dos avanços alcançados por esta teoria, ainda persistiam defeitos que não possibilitavam a correta concepção da culpabilidade, principalmente pela persistência do dolo como elemento desta.

Enfrentando esta questão e os demais aspectos controvertidos que existiam nessa concepção, novas idéias foram concebidas, culminando na teoria normativa pura da culpabilidade.

1.1.3 Teoria normativa pura da culpabilidade

Derivada da teoria da ação[5], surge a concepção normativa pura da culpabilidade, relatando, em seus mandamentos, as teorias anteriores.

O finalismo teve como maior expoente H. Welzet, para quem o dolo não poderia estar inserido no juízo de

---

[5] A teoria finalista da ação cosntitui-se na relação lógica contra os errôneos postulados das doutrinas causais da ação, produzindo efeitos na estrutura do tipo, da ilicitude e da culpabilidade. Nesta teoria, a ação é uma atividade final humana, na qual o homem, conhecendo a teoria da causa e eteito, tem possibilidade dc dirigir sua atividade no sentido de produzir determinados efeitos, contrariamente à causalidade. (JESUS, 2007).

culpabilidade, pois assim se consideraria a ação humana sem o seu aspecto fundamental: a intencionalidade (CAPEZ, 2005).

Partindo dessa concepção, Welzel demonstrou que o dolo e a culpa não são elementos uma vez que, em se nos tipos legais, integram a conduta e o fato típico.

Assim, estes elementos passaram a integrar o injusto e não mais a culpabilidade.

As consequências que a teoria finalista da ação trouxe consigo para a culpabilidade são inúmeras. Assim, a separação do tipo penal em tipos dolosos e culposos, o dolo e a culpa não mais considerados como formas ou elementos da culpabilidade, mas como integrantes da ação e do injusto pessoal, constituem o exemplo mais significativo de uma nova direção no estudo do Direito Penal. (BITENCOURT, 2007, p.342).

Com efeito, somente a partir de então surgiu uma verdadeira teoria normativa da culpabilidade, visto que a culpabilidade passou a ser limitada à pura reprovabilidade.

Nesta perpesctiva, excluem do conceito de culpabilidade a maioria dos elementos subjetivos, anímicos ou psicológicos, integrantes do tipo injusto, conservando-se fundamentalmente o critério da censurabilidade ou reprovabilidade.(JESUS, 2007). Concluído este breve histórico acerca das teorias da culpabilidade, serão adiante analisados os elementos que a compõem.

1.2   Os elementos da culpabilidade

1.2.1   A imputabilidade

Imputabildade é o conjunto de condições pessoais que dão ao agente capacidade para lhe ser juridicamente imputada a prática de um fato punível. Ademais, o conceito de imputabilidade é fornecido no Código Penal Brasileiro, indiretamente e a contrário senso, pelo de inimputabilidade previsto no seu artigo 26. (BRUNO, 1984).

Em análise ao amigo 26 do Código Penal, considera-se imputável o sujeito mentalmente são e desenvolvido, capaz de entender o caráter ilícito do fato e de determinar-se de acordo com esse entendimento (JESUS, 2007).

Assim, o agente deve ter condições físicas,

psicológicas, morais e mentais de saber que está realizando um ilícito penal. Além dessa capacidade, deve ter totais condições de controle sobre sua vontade, de forma que a imputabilidade apresenta um aspecto intelectivo e outro volitivo (CAPEZ, 2005, p.306).

Importante ressaltar a diferença entre imputabilidade e responsabilldade pois esta é mais ampla, compreendendo a primeira e corresponde as consequencias jurídicas que advêm da prática de um crime (JESUS, 2007).

Destarte, imputabilidade é a condição pessoal de maturidade e sanidade mental que confere ao agente a capacidade de entender o caráter ilícito do fato ou de se determinar segundo esse entendimento.

1.2.2 Potencial consciência da ilicitude

Além de imputável, para que o autor seja reprovado por determinada conduta antijurídica é necessário também que conheça ou possa conhecer o caráter ilícito do fato praticado.

Quem age sem possibilidade de saber que fere o direito, atua na certeza de que sua conduta é de acordo com a ordem jurídica, e, assim sendo, não pode merecer qualquer censura, que só é possível quando se pudesse exigir do homem conhecer que seu gesto é proibido. Se ele tinha a possibilidade de conhecer a ilitude, e, mesmo assim, realizou conduta contrária ao direito, deve, por isso, ser censurado, já que, tendo possibllidade de atingir a consciência da ilicitude, mesmo assim não a alcançou, quando devia, e por isso vai ser reprovado (TELES, 2004, p.439).

Cabe salientar que importa investigar se o sujeito, quando da prática do crime, tinha a possibilidade de saber que fazia algo errado, levando em conta o meio social que o cerca, as tradições e costumes locais, sua formação intelectual, seu nível intelectual, resistência emocional e psíquica e inúmeros outros fatores, sendo estes aspectos externos, objetivos, que orientam o juiz na aferição da culpabilidade (CAPEZ, 2005).

Por fim, imperioso mencionar, que não é possível exigir de todos o mesmo grau de compreensão acerca da antijuridicidade do ato praticado, que dependerá do esforço que cada sujeito tenha realizado para alcançà-la, cujo esforço poderá ser analisado por meio das circunstâncias pessoais e socias daquele, que estará em relação inversa com a reprovabilidade. Assim, quanto maior o esforço que o sujeito deva fazer para intemalizar a norma, menor será a reprovabilidade de sua conduta e vice-versa (ZAFFARONI, 2002).

1.2.3 Exigibilidade de conduta diversa

Analisadas a imputabilidade e a potencial consciência da ilicitude, resta verificar o último elemento da culpabilidade, qual seja, a exigibilidade de conduta diversa que "é a possibilidade que o sujeito tem de realizar outra conduta, de acordo com o ordenamento jurídico" (JESUS, 2007, p.479).

Trata-se de elemento volitivo da reprovabilidade, consistente na exigibilidade de obedlência à norma. Para que a ação do agente seja reprovável, é indispensável que se lhe possa exigir comportamento dlverso do que teve. Isso significa que o conteúdo da reprovabilidade repousa no fato de que o autor devia e podia adotar uma resolução de vontade de acordo com o ordenamento jurídico e não uma decisão voluntária ilícita (PRADO, 2003, p.440).

Assim, só merece receber a censura penal quem podia ter realizado outro comportamento, sendo este outro juízo de valor que se faz sobre a conduta do agente.

Ademais, para que seja possível considerar alguém culpado pelo cometimento de uma conduta prevista como infração penal, "é necessário que esta tenha sido praticada em condições e circunstâncias normais, pois do contrário não será possível exigir do sujeito conduta diversa de que, efetivamente, acabou praticando" (CAPEZ, 2005, p.326).

Assim, uma vez compreendidos os elementos que compõem a culpabilidade, imprescindível ressaltar que existem determinadas causas e situações que os excluem, afastando, consequentemente, a própria culpabilidade e a existência de crime.

1.3   As causas de exclusão da culpabilidade

1.3.1 Causas de exclusão relacionadas à imputabilidade

Como visto, a imputabilidade, em linhas gerais, refere-se à capacidade do sujeito de entender a ilicitude do fato e de determinar-se de acordo com esse entendimento, ao tempo da conduta.

Desse modo, em princípio, todos são considerados imputáveis, exceto aqueles que se enquadram nas hipóteses de inimputabilidade elencadas na lei penal, as quais serão adiantes estudadas.

1.3.1.1 Doença mental ou desenvolvimento mental incompleto ou retardado

De acordo com o artigo 26, caput, do Código Penal, haverá inimputabilidade por doença mental ou desenvolvimento mental incompleto ou retardado.

Neste aspecto, "trata-se de uma alteraçao mórbida da saúde mental, independentemente de sua saúde" (PRADO, 2003, p.436).

Assim, para a existência de tal excludente, devem estar presentes alguns requisitos: causal, que é a existência de doença mental ou desenvolvimento mental incompleto ou retardado; cronológico, que é a atuação ao tempo da ação ou omissão; e consequencial, referente à perda total da capacidade de entender ou de querer (CAPEZ,2005).

Nem todo doente mental, portador de desenvolvimento mental incompleto ou retardado é inimputável. É necessário que, em consequencia do pressuposto biológico, seja ele inteiramente incapaz de entender o caráter ilícito do fato ou de determinar- se de acordo com esse entendimento. (TELES, 1996, p.360).

1.3.1.2 Menoridade penal

São inimputáveis, ainda, os menores de 18 anos, consagrando-se o princípio da inimputabilidade por presunção, em razão do critério biológico da idade do agente, pois considera-se que estes têm desenvolvimento mental incompleto, Independente da verificação de sua capacidade de entendimento ou de determinação.

1.3.1.3 Embriaguez completa, proveniente da caso furtuito ou força maior

Trata-se da última causa de inimputabilidade e consiste na condição de levar à exclusão da capacidade de uma intoxicação aguda e transitória causada por álcool ou qualquer substância de efeitos psicotrópicos, sejam eles entorpecentes, estimulantes ou alucinógenos (CAPEZ, 2005).

Todavia, para que a embriaguez seja caracterizada como causa de exclusão da inimputabilidade, é imprescindível que seja completa e derivada de caso fortuito ou força maior, de modo a impossibilitar o sujeito de entender a ilicitude do fato ou determinar- se de acordo com este entendimento.

Embriaguez por caso fortuito é acidental, que ocorre sem que o sujeito desejasse se embriagar, nem a decorrente de negligência. Nem a voluntária, nem a culposa. Embriaguez proveniente de força maior é a resultante de uma força física externa imprimida sobre o sujeito no sentido de obrigá-lo a ingerir a substância embriagantc (TELES, 1996, p.366).

Desta forma, a embriaguez voluntária, culposa, pré-ordenada ou não, não tem o condão de excluir do sujeito sua culpabilidade.

1.3.2 Causas de exclusão relacionadas à potencial consciência da ilicitude

A exclusão deste elemento da culpabilidade ocorre quando da ausência da potencial consciência da ilicitude, cuja causa compreende o chamado erro de proibição.

1.3.2.1 Erro de proibição

"O erro de proibição é o que recai sobre a ilicitude de um comportamento, no qual o agente supõe, por erro, ser lícita sua conduta, podendo ser dividido em inevitável e evitável" (BITENCOURT, 2007, p.379). Quando o erro sobre a ilicitude do fato é impossível de ser evitado, valendo-se o ser humano da sua diligência ordinária, trata-se de uma hipótese de exclusão da culpabilidade. Trata-se de um erro escusável, pois não lhe foi possível, a tempo, constatar a inverdade de informação recebida. Por outro lado, o erro sobre a ilicitude de um fato que não se justifica, pois, se tivesse havido um mínimo de empenho em se informar, o agente poderia ter tido conhecimento da realidade, denomina-se erro de proibição inescusável (NUCCI, 2007, p.334).

Com base nesta diferenciação, somente o erro de proibição inevitável é capaz de excluir a culpabilidade, isentando o agente de pena, ao passo que o erro evitável somente poderá minorar esta, conforme o artigo 21 do

Código Penal[6].

Ainda o parágrafo único do referido artigo, preceitua que considera-se evitável o erro se o agente atua ou se omite sem a consciência da ilicitude do fato, quan do lhe era possível, nas circunstâncias, ter ou atingir essa consciência.

Quando é invencível, isto é, quando com a devida diligência o sujeito não teria podido compreender a antijuridicidade do seu injusto, tem o efeito de eliminar a culpabilidade. Quando é vencível, em nada afeta a tipicidade dolosa ou culposa que já está firmada no nível correspondente (ZAFFARONI, 2003, p.636).

Logo, sendo a culpabilidade normativa, estará presente sempre um juízo de valor sobre a ação humana, e, assim, o erro só será justificável, e, portanto, inevitável, se no decorrer de censurável desatenção ou falta de um dever cívico de informar- se, que, nas circusntâncias, se impõe. (BITENCOURT, 2007).

---

[6] Art 21 — O desconhecimento da lei é inescusável. O erro sobre a ilicitude do fato, se inevitável, isenta de pena; se evitável, poderá diminuí-la de um sexto a um terço.

1.3.3 Causas de exclusão relacionadas à exigibilidade de condua diversa

Tocante a este elemento, uma vez considerada a culpabilidade normativa, não há culpabilidade todas as vezes que, tendo em vista as circunstâncias do caso concreto, não se possa exigir do sujeito uma conduta diversa daquela por ele cometida (JESUS, 2007).

Dentre essas hipóteses, são expressamente previstas na lei penal a coação moral irresistível e a chamada obediência hierárquica.

1.3.3.1 Coação moral irresistível

O código Penal, em seu artigo 22, dispõe que "se o fato é cometido sob coação irresistível ou em estrita obediência a ordem, não manifestamente ilegal, de superior hierárquico, só é punível o autor da coação ou da ordem".

Analisando a primeira parte do dispositivo, doutrinariamente considera-se que a coação a que se refere é a moral, eis que a coação física irresistível exclui a própria ação, por inexistência de vontade, pois esta não é livre, mas viciada (PRADO, 2003).

Portanto, "na coação moral existe vontade, embora seja viciada. Nas circunstâncias em que a ameaça é irresistível não lhe exigível que se oponha a essa ameaça para se manter em conformidade com o direito" (BITENCOURT, 2007, p.357).

Assim, a gravidade relaciona-se com a natureza do mal e com o poder do coator em produzi-lo, de forma que não poderá se tratar de algo que independa de vontade deste.

De outro modo, quando tratar-se de coação moral resistível não ocorrerá exclusão da culpabilidade, incidindo apenas circunstância atenuante.

1.3.3.2 Obediência hierárquica

Há ainda em sede de inexigibilidade de conduta diversa, aquela referente à obediência hierárquica, explicitada na segunda parte do artigo 22 do Código Penal.

Trata-se de "ordem de duvidosa legalidade dada pelo superior hierárquico ao seu subordinado, para que cometa uma agressão a terceiro, sob pena de responder pela inobservância da determinação" (NUCCI, 2007, p.286).

Essa obediência pressupõe uma relação de direito público, não abrangendo, portanto, aquela derivada das relações de iniciativa privada, de forma que a ordem deve advir de autoridade pública, dentro da organização do serviço público, o que também inclui os cidadãos, nos casos em que atuam por ordem dessas autoridades (PRADO, 2003).

Deverá também, a ordem emanada do superior hierárquico ser manifestamente ilegal, sendo "aquela cuja legalidade é discutível, não é patente, não resplande à primeira vista, deixando dúvidas na avaliação de quem a recebe" (TELES, 1996, p.359).

Não se coloca o subordinado numa condição de julgador superior da ordem, o que criaria um caos na máquina administrativa, mas a ele se outorga o direito de abster-se de cumprir uma determinação de prática de fato manifestamente contrário à lei mediante uma apreciação relativa (JESUS, 2007, p.496).

Por derradeiro, conclui-se que a ordem deve preencher os requisitos formais e o fato ser cumprido dentro da estrita obediência à ordem do superior.

2.   DO PRINCÍPIO DA CO-CULPABIL IDADE

2.1.   Considerações iniciais

O Direito Penal atualmente tem sido fonte de diversos estudos e de produção científica por se tratar de um campo do Direito ligado às mudanças sociopolíticas e por influenciar a sociedade por inteiro, principalmente no que tange ao direito de liberdade trente ao Estado.

De fato, a liberdade, bem jurídico tutelado na Constituição Federal e no Código Penal, assume importância muito elevada no cenário de um Estado de Direito, devendo ser mitigada somente nos casos excepcionais (FABBR IN I, 2007).

Entretanto, os estudos que vêm surgindo não tratam do Direito Penal sob a visão filosófica e social, pois diante de tamanha desigualdade na qual o mundo se encontra é preciso um sistema penal voltado para o pensamento sociológico, "principalmente para a sociedade moderna, a qual adotou o capitalismo com modo de produção, privilegiando, assim, a livre iniciativa e consequentemente a má distribuição de riqueza e a exclusão social" (MOURA, 2006, p. 35). O princípio da co-culpabilidade faz justamente essa ligação entre o Direito e a Sociologia, mas não está sendo devidamente explorado, salvo alguns estudos estrangeiros e poucas legislações, para garantir a proteção do socialmente rejeitado diante do Estado.

2.2. A definição de Culpabilidade

Antes da relforrma penal de 1984, a culpabilidade figurava como um dos elementos do delito, entendido como fato típico, antijurídico e culpável. Nesse caso, se o agente não fosse considerado culpável não subsistia a infração penal.

"Com a reforma de 1984, o Código Penal passou a adotar a teoria tripartite, ou seja, crime passou a ser todo fato típico, culpável e antijurídico" (JESUS, 2007, p.58). Portanto, a culpabilidade passou a ser um pressuposto para a aplicação da pena.

Insta salientar que, a finalidade para adoção de tal teoria no conceito de delito se deu pelo fato de se atribuir ao ser humano uma feição a qual o torna culpável e, por conseqüência, punível. Ademais, além de fundamentar a pena, cabe à culpabilidade limitá- la, servindo de referência para a individualização da sanção. Assim, "a culpabilidade é, em última análise, a contradição entre a vontade do agente e a vontade da norma, agindo como condição para se impor a pena pela reprovabilidade da conduta" (CAP EZ, 2005, p.301).

Destarte, é possível entender a culpabllidade como um juízo de reprovação sobre determinada pessoa pela prática de determinada conduta, ou seja, "trata- se de um juízo de censurabilidade e reprovação exercido sobre alguém que praticou um fato típico e ilícito" (GRECO, 2010a, p.307). Portanto, por meio da análise do grau de culpabilidade do agente na prática de um delito, o Estado busca aferir o quantum da sanção imposta.

Ao analisar as circunstâncias que envolvem a culpabilidade, a doutrina costuma dividí-la em dois aspectos. O primeiro, conhecido como culpabilidade do autor, considera ser relevante a culpabilidade do agente e não do fato. Nesse caso, de acordo com Rogério Greco (2010) a reprovação não se estabelece em função da gravidade do crime praticado, mas do caráter do agente, seu estilo de vida, personalidade, antecedentes, conduta social e dos motivos que o levaram a infração penal. Já o segundo, refere-se à análise do fato praticado pelo autor, ou seja, sobre o comportamento humano. A culpabilidade do fato é aquela em que a reprovação se estabelece em função da gravidade do crime praticado, de acordo com a exteriorização da vontade humana, por meio de uma ação ou omissão.

Ao se questionar, pois, se no sistema pátrio a culpabilidade incide sobre o fato concreto ou sobre a personalidade e as condições pessoais do agente, "é possível aduzir, até pela redação do artigo 59 do Código Penal[7], que se está diante de uma culpabilidade mista" (GRECO, 2010c, p.320). Sobremaneira, diante do exposto, é forçoso concluir que, ao lado das avaliações objetivas do fenômeno criminal, subsiste um direlto penal calcado nas condições sociais do agente, com vistas ao futuro e à prevenção do crime.

Deste modo, é nesse quadro, tendo em vista a chamada culpabilidade do autor, que as considerações acerca da co-

---

[7] O artigo 59 do Código Penal elenca as circunstancias judiciais para aplicaçào da pena, assim
denominada porque seu reconhecimento é deixado ao poder descricionário do juiz.

culpabilidade ganham contorno e coerência.

Isso porque a culpabilidade "exige do Estado a necessidade de demonstrar sua condição para exigir do indivíduo o cumprimento das normas jurídicas" (SANTOS, 2004, p. 256) e, evidentemente, tal capaci dade de exigir varia de acordo com cada pessoa, suas circunstâncias pessoais e sua relação com o próprio Estado.

Neste diapasão, Luiz Felipe Nobre Braga (2010, s.p.) refletindo sobre a questão problemática do homem médio, à luz da filosofia, no campo do direito penal, nos fornece o seguinte excerto:

O conceito de homem médio é a mais estapafúrdia evidência de um classicismo dogmático ainda presente que, por vias naturais do aspecto historicista da evolução humana, não pode perdurar no campo da aplicação. Se fosse possível imaginar um ser a quem se pudesse imputar a perfeita diligência de abstençâo e, assim sendo, de nào cometimento de eventual fato descrito como crime diante de uma situação inesperada, estaríamos a imputar um aspecto de competência ontológica platônica a pessoas naturalmente compostas no erro e no equívoco. Afinal, como é admissível avaliar as condições íntimas de uma pessoa no momento em que supostamente não age com a pretenda diligência aguardada'? [...] O costumeiro adágio penalístico constitui o epíteto do erro e da ignobilidade, de tal sorte que vai de encontro direto com a essência falível do ser humano, como oportuna e particular potência de deslize, onde se encontram presentes as mais complexas nuances do comportamento moral vigente, destinadas a habitar no interior da personalidade sensível que está, sobremdo, sujeita à imperfeiçào momentânea e esporádica do aparelho racional do ser, característica competente de tornar única a conduta, particularizando-a segundo os desígnios próprios que a movem conforme a existência material.

É preciso salientar, porém, que, ao se tratar da culpabilidade do autor, não se está, absolutamente, a subscrever o paradigma etiológico-positivista de direito penal. Ao contrário, pretende-se antes, combater os excessos provocados por noções subjetivistas e moralistas que adentram na seara penal (GRECO, 2010).

2.3. Conceito de co-culpabilidade

Juarez Cirino dos Santos (1985) foi um dos primeiros estudiosos a fomentar a idéia de co-culpabilidade. Segundo o autor, co-culpabilidade é uma valoração compensatória da carga de responsabilidade atribuída a certos membros da sociedade que se encontram, em razão de condições sociais a eles desfavoráveis, acuados socialmente.

Trata-se de um princípio constitucional implícito no ordenamento jurídico, pois, uma vez que se trata de um princípio, a sua positivação não se faz obrigatória, já que os princípios vinculam até mesmo o legislador e este por sua vez concretiza na norma os valores defendidos nesses.

Assim, conforme o princípio da co-culpabilidade, membros de determinadas classes sociais, ao cometerem certos tipos de delitos, não devem ser exclusivamente responsabilizados pelo ato, visto que não são os únicos responsáveis por ele. Nesse sentindo:

O princípio de co-culpabilidade reconhece a co-responsab ilidade do Estado no cometimento de determinados delitos, praticados por cidadãos que possuem menor âmbito de autodeterminaçào diante das circunstâncias do caso concreto, principalmente no que se refere às condiçóes sociais e econômicas do agente, o que enseja menor reprovação social, gerando conseqüências práticas não só na aplicaçào e execução da pena, mas e também no Processo Penal. (MOURA, 2006, p.37)

Diante disso, o Estado tem sua inegável parcela de culpa, principalmente quando o crime cometido apresenta, corno prima ratio[8], elementos de natureza social, tendo por fator desencadeador a ausência de condições mínimas que possibilitem a concretização da dignidade humana de cada cidadão (BATISTA, 2001).

Por conseguinte, a aplicação do princípio da co-culpabilidade decorre do reconhecimento da exclusão social ínsita ao Estado, responsabilizando-o indiretamente por esse fato, tendo, porém, como limite o cuidado para não transformar o criminoso em vítima e o Estado em criminoso, invertendo erroneamente as posições jurídlcas de ambos.

---

[8] Expressão em latim que significa a primeira razão. Utilizada para demonstrar a primeira impressão sobre determinado assunto, sob a ótica da razão.

O princípio da co-culpabilidade, ao ser aplicado no caso concreto, reconhece o papel do Estado e da sociedade no que se refere aos delitos praticados por certas pessoas, em certas condições, propiciando a diminuição da seletividade e da visão ideológica do Direito Penal, indo ao encontro dos direitos fundamentais do cidadão (MOURA, 2006c, p.38).

A co-culpabilidade, pois, vem temperar o juízo de reprovação que recai sobre o sujeito ativo do delito, uma vez que, este, notadamente "nos casos de delito patrimonial, é compelido, não raro, por condições de vida desfavoráveis e pela descrença nas instituições do Estado, bem como pelo menosprezo à própria sociedade, enquanto reduto excludente" (WACQUANT, 2007, p. 107).

No cenário de diferenças sociais marcantes, descrença na figura do Estado e de um direito punitivo seletivo, que a omissão estatal potencializa o sentimento de exclusão e revolta naqueles menos favorecidos. E é esse contexto que dá azo a teorias plausíveis como a da co-responsabilidade do Estado, tentativas, na verdade, de mitigar os danos inerentes ao sistema. (WACQUANT,

2007, p.110).

É de se considerar, portanto, a co-culpabilidade como sendo a parcela de responsabilidade que detém o Estado acerca de infrações praticadas por seus cidadãos, principalmente quando estes são integrantes de parcelas sociais onde o Estado nunca se faz presente na tutela e promoção dos direitos fundamentais.

Assim, a co-culpabilidade consiste na divisão da culpabilidade, ou seja, do juízo de reprovação entre o agente e o Estado/sociedade. No entanto, só podemos falar em co-culpabilidade quando o agente for oriundo de um meio social onde o Estado não se faz presente e ainda se o delito cometido tiver como razão fatores socioeconômicos.

Insta salientar a importância do significado do prefixo "co" utilizado na expressão co-culpabilidade, tendo em vista a acepção jurídica a qual ele é utilizado. O prefixo "co" é utilizado como forma de responsabilização indireta do Estado, haja vista sua omissão no cumprimento de seus deveres constitucionais, gerando conseqüências na cominação, aplicação e execução da pena. "Na realidade não se trata de uma responsabilização penal do estado, mas apenas se reconhece sua inoperância em cumprir seus deveres" (MOURA, 2006, p.31).

Por fim, importante mencionar que o termo co-culpabilidade não propõe uma noção de culpa do Estado, pois, como detentor do *jus puniendi*[9] , é incapaz de cometer delitos e sofrer sanções penais, haja vista que não possui os principais elementos que caracterizam a formação de um delito, ou seja, não é detentor de vontade, consciência e discernimento, elementos essenciais para caracterizar o sujeito ativo de um delito. O que se pretende é o reconhecimento de parcela de responsabilidade do Estado do cometimento de um delito, levando-se em consideração as condições socioeconômicas do agente.

Por derradeiro, confirmando a utilização do termo e aclamando o seu conceito, importante se faz transcrever a definição de co-culpabilidade, proposto por Rogério Greco:

---

[9] O jus puniendi á uma expressão latina que pode ser traduzida literalmente como Direito de punir do Estado. Refere-se ao poder ou prerrogativa sancionadora do Estado. Etimologicamente, a expressão jus equivale a direito, enquanto a expressão puniendi equivale a castigar, de forma que tanto se traduzir literalmente como o direito de punir ou direito de saticionar. Esta expressão é usada sempre em referência ao Estado frente aos cidadãos.

A teoria da co-culpabilidade ingressa no mundo do Direito Penal para apontar e evidenciar a parcela de responsabilidade que deve ser atribuída à sociedade quando da prática de determinadas infrações penais pelos seus supostos cidadãos. Contamos como uma legião de miseráveis que não possuem teto para abrigar-se, morando embaixo de viadutos ou dormindo em praças ou calçadas, que não conseguem emprego, pois o estado não os preparou e os qualificou para que pudessem trabalhar, que vivem a mendigar por um prato de comida, que fazem uso de bebida alcoólica para fugir da realidade que lhes é imprimida, quando tais pessoas praticam crimes, devemos apurar e dividir esse responsabilidade com a sociedade (GRECO, 20 10. p.469).

2.4. Origem histórica

A origem do princípio da co-culpabilidade é um tema difícil de ser tratado, visto que não estava expresso nas legislações de diversos países. No entanto, tal princípio tem seu berço ligado ao surgimento do Estado Liberal, bem como às idéias iluministas, nos direitos socialistas e no início do século XX. Conforme o entendimento do Professor Grégore

Moura (2006), a co-culpabilidade teria surgido com o advento do Estado Liberal, bem corno, com as idéias iluministas consagradas no século XVIII, pois, a co-culpabilidade surgiu como forma de quebra do contrato social, ou seja, de um lado a infração penal e de outro, o Estado social quando deixa de propiciar aos seus cidadãos o mínimo de condição de sobrevivência, segurança e desenvolvimento da pessoa humana.

Rogério Greco (2010) acrescenta que, somente com o advento das idéias iluministas e a consequente criação dos Estados Liberais, bem como adoção do principio da secularização[10], toma-se possível determinar o surgimento do princípio da co-culpabilidade, ressaltando seu total desrespeito pelos Estados, desde aquela época.

Todavia, as idéias trazidas pelos iluministas, quando sua aplicação pelos Estados Liberais, propiciaram um liberalismo e um individualismo exarcebado, o que

---

[10] Expressão utilizada para mencionar a separação entre o Estado, Direito e Religião, ou seja, significa a autonomia das atividades humanas

ocasionou o aprofundamento das desigualdades sociais e a sensação de que o Direito é um instrumento do controle das classes sociais ditas inferiores (BATISTA, 2001a).

Contra esse movimento, "surgem idéias marxistas, com o propósito de com as desigualdades socieconômicas, também por intermédio do direito, ou seja, criticando o direito como superestrutura com a função ideológica para manter e fomentar o Estado capitalista" (BATISTA, 200 l, p.232).

Portanto, partindo desse entendimento, é forçoso concluir que "a co-culpabilidade nada mais é do que o reconhecimento jurídico, social e político da quebra do contrato social por parte do estado, devendo, por seu turno, reconhecer assumir essa inadimplência reconhecendo a co-culpabilidade" (MOURA, 2006, p.232).

3.   O PRINCÍPIO DA CO-CULPABILIDADE NO DIREITO PENAL BRASILEIRO

3.1.   Propedêutica

A co-cu1pabilidade não está expressamente prevista na legislação penal brasileira, apesar de ser um princípio constitucional implícito na Constituição Federal. No entanto, "há uma sensibilidade por parte da doutrina e jurisprudência para que haja a sua positivação" (GRECO, 2010, p.83).

3.2.   Previsão doutrinária

A co-culpabilidade tem previsão expressa no anteprojeto[11] de lei que visa à reforma da Parte Geral do Código Penal Brasileiro" (MOURA, 2006, p.89). O anteprojeto optou pela inserção da co-culpabilidade no Códlgo Penal como circunstância judicial prevista no artigo 59 do Código Penal que preceitua:

---

[11] Projeto elaborado por comissão de juristas presidida por Miguel Reale Júnior, sendo ministro de justiça José Gregori. O inteiro teor do anteprojeto está disponível em http//www.mj.gov.br/codigopenal geral.htm.

Art. 59 O juiz, atendendo à culpabilidade, antecedentes, reincidência e condições pessoais do acusado, bem como as oportunidades sociais a ele oferecidas, aos motivos, circunstância e consequência do crime e ao comportamento da vítima, estabelecerá conforme seja necessário e suficiente à individualização da pena:
I - a espécie e a quantidade da pena aplicável;
II - o regime fechado ou semi-aberto como etapa inicial de cumprimento da pena;
III - a restrição de direito cabível;
Parágrafo único. A escolha do regime inicial de cumprimento da pena independe da quantidade fixada, observados os limites máximos previstos no artigo 34.

Portanto, a previsão do princípio da co-culpabilidade no Código Penal brasileiro, não só é uma necessidade como também uma esperança possível, já que o legis lador infraconstitucional estará promovendo a concretização de um princípio constitucional implícito.

Em igual tumo, a doutrina tem admitido a aplicação do princípio da co-culpabilidade com base no artigo 66 do Código Penal que se refere às atenuantes inominadas (GRECO, 2010). Esse artigo permite que o juiz, ao aplicar a pena, atenda as peculiaridades do caso concreto. Por fim, Raúl Eugenio Zaffaroni corrobora com esse entendimento ao afirmar que "a co-culpabilidade é herdada do pensamento de Marat, e, hoje, faz parte da ordem jurídica de todo o Estado Social de Direito, que reconhece direitos econòmicos e sociais e, portanto, tern cabimcnto no Código Penal mediante a disposição genérica do artigo 66" (ZAFFARONI, 2003, p.6 13).

3.3. Previsão Jurisprudencial

A jurisprudência também tem reconhecido a existência do princípio da co-culpabilidade, embora não esteja expresso no Código Penal brasileiro.

Assim vejamos:

> PENAL E PROCESSO PENAL. FURTO TENTADO. INVOCAÇÃO DO PRINCÍPIO DA CO-CULPABILIDADE. INAPLICABILIDADE. RECURSO IMPROVIDO. A teoria da co-culpcibilidade impõe a comprovação da marginalizaçãodo réu por omissão do Estado, o que não se verificou na hipótese dos autos, não podendo a referida teoria ser invocada como escusa para a prática delitiva. (TJDF, 1" Turma Criminal, Rel. GEORGE LOPES LEITE, julgado em 09/05/2008, grifamos).

> PENAL. LESÕES CORPORAIS ART. 129, DO CÓDIGO PENAL. IMPOSSIBILIDADE DE APLICAÇÃO DO PRINCÍPIO DA CO-

CULPABILIDADE. INAPLICABILIDADE.
Conforme remansosa jurisprudência, a teoria da co-
cculpabilidade não é aceita na doutrina penal
brasileira, uma vez que a falta de oportunidade não
autoriza o cidadão a cometer crimes nem os
justifica. (TJDF, 2ª Turma Recursal dos Juizados
Especiais Civeis e Criminais do DF, Rel. ALFREU
MACHADO, julgado em 15/07/2008, grifamos).

APELAÇÃO – FURTO — PROVAS
SUFICIENTES DA AUTORIA E
MATERIALIDADE –CONDENAÇÃO
MANTIDA — INVOCAÇÃO DO PRINC IP IO
DA CO- CULPABILIDADE — NÀO
APLICABILIDADE DE PENA EXACERBADA
— DIMINUIÇÃO DA PENA BASE AUMENTO
MÁXIMO DE 1/6 SOBRE A PENA
BASE. É de se reconhecer as circunstâncias
atenuantes inominadas, descrita no artigo 66 do
Código Penal, quando comprovado o perfil social
do acusado, desempregado, miserável, sem
oportunidade de vida, devendo o Estado, na esteira
da co-culpabilidade citada por Zaffaroni, espelhar a
sua responsabilidade pela desigualdade social, fonte
inegável dos delitos patrimoniais, no juízo de
censura penal imposto ao réu. Tal circunstância
pode e deve, também, atuar como instrumento da
proporcionalidade na punição, imposição do Estado
Democrático de Direito. Apesar de nosso Código
Penal não determinar qual a quantidade de aumento
ou de diminuição das agravantes e atenuantes,
doutrina e jurisprudência majoritária tem aceitado
que a variação dessas circunstàncias, atendido o
princípio da razoabilidade, não deve modificar a
pena-base, em mais de 1/6 (TJMG, 1"Turma

Criminal, Rel. ALEXANDRE VICTOR DE CARVALHO, julgamento em 27/03/2007).

APELAÇÃO. FURTO QUALIFICADO. ESCALADA. AUSÊNCIA DE PROVA DO ESFORÇO INCOMUM. Conforme o entendimento desta Câmara Criminal e da maioria dos tribunais brasileiros, a sociedade não pode ser co-responsabilizada pelos atos praticados pelos indivíduos que voltam a delinquir por não serem recuperados pelo sistema prisional, sendo, portanto, inaplicável a atenuante inominada prevista no artigo 66 do Código Penal ao presente caso. (TJRN, 2" turma Câmara Criminal, Rel. Des. AMILCAR MAIA, julgado em 22/01/2010).

Essas decisões, demonstram a coragem e a perspicácia dos julgadores, atentos aos aspectos econômico-sociais que as cercam, ao indicarem a necessidade de positivação da co-culpabilidade para alcançar uma grande evolução no Direito Penal brasileiro.

3.4. Previsão no processo

O Direito material tem estreita ligação com o direito processual. "É tão-somente por meio do processo penal e constitucional que se pode dar aplicação prática ao Direito Penal, pois são os únicos instrumentos de execução para os casos concretos" (FILHO, 1998, p.15). Portanto, é mister o estudo do processo penal, bem como do constitucional, como sendo os meios pelos quais o princípio da co- culpabilidade terá sua execução prática e efetiva.

Trata-se do princípio da instrumentalidade[12] do processo, o qual preceitua a relação direta do processo com o direito material que visa proteger.

Todavia, o fato de ser um instrumento do direito material, não retira sua importância, haja vista que é por meio dele que podemos dar aplicabilidade e efetividade ao princípio da co-culpabilidade, mormente naqueles casos em que o referido princípio foi desrespeitado (MOURA, 2006a). Logo, sem processo, não há que se falar em exercicio de direitos. Conforme o entendimento de José Alfredo de oliveira Baracho (1984) a jurisdição, antes restrita ao controle de constituclonalidade, passou a abarcar a proteção de diversos direitos fundamentais consagrados na Carta Magna, em especial o direito

---

[12] Sobre o tema, CINTRA, Antônio Carlos de Araújo; GRINOVER. Ada Pelllegrine; DINAMARCO,
Cândido Rangel. Teoria Geral do Processo. 19.ed. Sào Paulo: Malheiros, 2003.

constltucional à liberdade.

Sendo assim, a co-culpabilidade, decorrente da Constituição Federal de 1988, pode ser concretizada por meio do processo constitucional, na esteira da jurisdição constitucional da liberdade.

A jurisdição constitucional da liberdade perfaz-se com a garantia e o exercício das ações constitucionalmente consagradas, como o habeas data, o mandado de segurança, a ação civil pública e, em especial, o Habeas Corpus (BARACHO, 1984, p.345).

O remédio constitucional Habeas Corpus está previsto no artigo 5º da Constituição Federal de 1988 e o seu procedimento, nos artigos 647 e seguintes do Código de Processo Penal'. Tal remédio tem a finalidade de coibir o constragimento ilegal contra o direito a liberdade.

Trata-se de uma ação constitucional que nos leva a uma jurisdição constitucional da liberdade diante da violência ou coação ilegal do direito de ir e vir, permanecer e ficar dos cidadãos, ou seja, é um instrumento célere e eficaz contra os abusos praticados pelo Estado no exercício do direito de punir. (Nucci, 2007, p.1017).

Diante do exposto, é forçoso concluir que a co-culpabilidade atua exatamente na reprovação penal da conduta praticada pelo o agente. Por conseguinte, a pena fixada na sentença condenatória levará em conta esse fator. Logo, se o Magistrado não reconhece a co-culpabilidade presente no caso stib jtidice, a reprovação será maior, o que gerará uma pena maior do que a que realmente deveria ser aplicada, dando ensejo a coação ilegal (MOURA, 2006).

Assim, presente a violência ou coação ilegal ao direito de ir, vir, ficar e permanecer do cidadão, por meio de pena desarrazoada, invoca-se o instituto do habes corpu› para coibir o constrangimento ilegal, sob pena de flagrante incostitucionalidade, bem como de ofensa ao princípio do devido processo legal (MOURA, 2006, p.92).

Por derradeiro, insta obtemperar que, não só o processo constitucional pode efetivar a aplicação do princípio da co-culpabilidade, mas também o processo penal é meio para atingir tal desiderato, principalmente no que diz respeito à prova das condições socioeconômicas do agente, é o que se destaca da lnteligência do artigo 187, § 1º, do Código de Processo Penal, o qual preceitua:

Art. 187 O interrogatório será constituído de duas partes: sobre a pessoa do acusado e sobre os fatos.
§1º Na primeira parte o interrogando será perguntado sobre a residência, meios de vida ou profissão, oportundades sociais, lugar onde exerce sua atividade, vida pregressa, notadamente se foi preso ou processado alguma vez e, em caso afirmativo, qual o juízo do processo, se houve suspensào condicional ou condenação, qual a pena imposta, se cumpriu e outros dados familiares e sociais (BRASIL, 2010).

3.5. Possibilidade de Inserção no Código Penal

Várias são as hipóteses de positivação do princípio da co- culpabilidade na legislação penal brasileira. A primeira seria sua inserção no artigo 59 do Código Penal como circunstância judicial que incidiria na primeira fase de aplicação da pena. No entanto, tal proposta toma inócuo o reconhecimento de tal princípio se a pena base for fixada no mínimo legal, pois é cediço que as circunstâncias judiciais não podem trazer a pena aquém do mínimo legal (MOURA, 2006).

A segunda hipótese seria sua positivação no artigo 65 do Código Penal, que trata das atenuantes genéricas, o que poderia ser feito com a inserção de mais uma alínea no inciso III do referido artigo.

Trata-se de uma proposta mais audaz, uma vez que a previsão expressa da co-culpabilidade como atenuante genérica reforçaria a necessidade de sua aplicação, bem como limitaria o poder de liberdade e interpretação do magistrado, tão amplo quando da análise do artigo 59 do mesmo diploma legal. (MOURA, 2006, p.85).

Porém, a despeito do que preceitua Grégore Moura, mesmo o legislador fazendo a opção ora mencionada, ainda assim, não poderia trazer a pena aquém do mínimo legal.

A terceira hipótese, a mais ousada delas, consistiria em acrescentar um parágrafo no artigo 29 do Código Penal, cujo o teor seria: "se o agente estiver submetido a precárias condições culturais, econômicas, sociais, num estado de hipossuficiência e miserabilidade sua pena será diminuída de um terço a dois terços" (MOURA, 2006, p.95). Juarez Cirino dos Santos acrescenta que para que haja a aplicação desse novo parágrafo, as condições acima elencadas devem ter influenciado o agente na prática do delito e sejam compatíveis com o crime cometido (SANTOS, 2004).

Assim, quanto pior as condições elencadas no supracitado parágrafo, maior seria a redução da pena. Portanto, "trata-se da melhor hipótese, pois é a mais consentânea com o Direito Penal democrático e liberal, na esteira do garantismo penal, uma vez que permite maior individualização da pena aplicada" (M OURA, 2006, p.95).

Por fim, Rogério Greco (2010) aponta para mais uma hlpótese de aplicação da co-culpabilidade na legislação penal brasileira, o qual seria uma forma de exclusão da culpabilidade.

O princípio da co-culpabilidade seria positivado como uma causa de exclusão da culpabilidade, visto que o estado social de miserabilidade e de vulnerabilidade do cidadão é tão caótico, proeminente e elevado, que sobre o agente não incidiria qualquer social e penal, já que seu comportamento, além de ser esperado pelos seus co-cidadãos, é consequência exclusiva da inadimplência do Estado (GRECO, 2010, p.469-470).

Portanto, seria uma nova causa de exclusão da culpabilidade, ou seja, seria uma espécie de inexigibilidade social de conduta calcada na falta de expectativa de comportamento, não surgindo daí direito a ser tutelado (GRECO, 2010).

Por todo o exposto, imperíoso ressaltar que, em qualquer hipótese de positivação do princípio da co-culpabilidade deve-se observar a compatibilidade entre o estado de miserabilidade e o crime cometido para que haja sua aplicação no caso concreto, ou seja, o estado de miserabilidade do agente deve ser uma das causas determinantes do crime.

3.6 A co-culpabilidade no Direito Comparado

A Legislação penal da America Latina, fortemente repressiva, reflete a crise generalizada com que hoje se defronta o direito penal e a inadequação as realidades nacionais. O fenômeno da criminalidade, nessa parte do mundo, está intimamente relacionado com as condições de uma estrutura social opressiva, profundamente injusta e desigual (ZAFFARONI, 2003).

O legislador ingenuamente pretende resolver com o instrumental positivo problemas sociais, como se pode exemplificar tão bem com as leis de vagos e maleantes introduzidas, com resultados desastrosos, em vários países, por inspiração da lei espanhola de 1933. Com essas leis pretende-se reprimir a periculosidade pré-delitual através da aplicação de medidas privativas de liberdade (FRAGOSO, 1995, p.17).

O princípio da co-culpabilidade é positivado em diversas legislações alienígenas, sendo até mesmo muito debatido pela doutrina, principalmente nos países latino-americanos[13] comoArgentina, Peru, México e Colômbia.

Com efeito, parece que a legislação nestes países está no caminho oposto ao Direito Penal opressivo a às desigualdades socials por ele criadas, ou seja, a simples positivação da co-culpabilidade nos dlversos códigos penais leva-nos a crer que esses Estados reconhecem a sua mea culpa na questão da criminalidade (MOURA, 2006).

Assim, a positivação e aplicação do princípio da co-culpdbilidade, se ainda não é uma solução, pelo menos é um começo em busca de um Direito Penal mais humanista, liberal e voltado para o cenário nacional onde

---

[13] Pelas semelhanças no desenvolvimento histórico dos países latino-americanos, podemos notar, por conseguinte, também semelhança e influência recíprocas dos diversos ordenamentos jurídicos. Um exemplo disso seria o processo de colonização aos quais todos foram submetidos, bem como, os resquícios deixados por este período.

será aplicado (GRECO, 2010, p.95).

Isso explica porque a co-culpabilidade foi desenvolvida tendo em vista as peculiariedades econômico-sociais dos países subdesenvolvidos, isto é, seu maior âmbito de aplicação se dá e se faz necessário naqueles países em que o Estado é omisso no cumprimento de suas obrigações, sobretudo no que tange à inserção social, cultural, intelectual e econômica de seus cidadãos.

Em verdade, na legislação penal Argentina, a co-culpabilidade é prevista como uma circunstância legal que agrava ou atenua a pena. O Código Penal da República Argentina não poderia deixar de trazer expressamante a co-culpabilidade. Ao que parece, neste país a co-culpabilidade é prevista como uma circunstância legal que agrava ou atenua a pena, malgrado os doutrinadores sempre tratem como circunstâncla atenuante (MOURA, 2006, p.70).

Já no México, além de ser circunstância que atenua ou agrava a pena, o princípio é aplicado também nas medidas de segurança. "Nessa legislação, a co- culpabilidade é uma circunstância judicial, incidindo na primeira fase de aplicação da pena, sendo também estendida expressamente à aplicação das medidas de segurança." (ZAFFARONI, 1973, p.167).

Mesmo teoricamente mais avançado nesse ponto que o Código Penal brasileiro, já que o Código Penal Mexicano reconhece a co-culpabilidade como circunstância juducial na aplicação da pena ao agente e a legislação brasielira não faz o mesmo, ainda assim, o Direito Penal Mexicano está longe de ser o ideal (MOURA, 2006, p.72).

No Direito Penal boliviano a co-culpabilidade está inserida como circusntância judicial para aferir a personalidade do autor como atenuante, quando o agente pratica o fato impulsionado pela miséria. Percebe-se a forte carga valorativa trazida no texto legal, principalmente no que se refere às condições socioeconômicas do agente, para que seja menor a reprovação penal, em virtude da condição de miserável em que vive. Portanto, a disposição legal é um reconhecimento estatal de suas próprias falhas ao não promover a inclusão social de seus cidadãos. (MOURA, 2006, p.78).

Por fim, no Direito Penal colombiano, a co-culpabilidade é prevista como circunstância que pode até mesmo excluir a responsabilidade do agente. Portanto, a co-culpabilidade é prevista como circunstância de menor punibilidade, sendo possível inclusive excluir a responsabilidade do agente (MOURA, 2006).

4. O PRINCÍPIO DA CO-CULPABILIDADE E A CONSTITUIÇÃO DE 1988

4.1. Notas iniciais

Partindo da idéia de que a co-culpabilidade é a concretização das idéias iluinlnistas de liberdade, justiça, fraternidade, igualdade e humanidade, não há como negar a relação de tal princípio com a Constituição Federal, pois esta é fundamento daquele. Todavia, não há convergência apenas quanto a fundamentação, mas também em outros aspectos, ou seja, o princípio da co-cu1pabi11dade, como princípio constitucional implícito na Constituição Federal de 1988, é decorrência do princípio da igualdade, dignidade da pessoa humana, individualização da pena e pluralismo jurídico (MOURA, 2006).

4.2. Princípio da igualdade

Sob a rubrica do princípio da igualdade se agasalham dois conceitos. O primeiro, alcançado pela Revolução Francesa de 1789, refere-se à igualdade formal, onde o Estado limitava-se a garantir a igualdade de todos perante a Lei. "Neste diapasão, o Estado cumpria sua função, na medida em que editava leis que fossem, em sua forma, iguais para todos" (GRECO, 2010, p.138).

O segundo, denominado igualdade material, consiste em tratar de maneira igual os iguais e de maneira desigual os desiguals, na medida de sua desigualdade. Nesse caso, cabe ao Estado Democrático de Direito garantir a igualdade anunciada, tratando de forma diferenciada aqueles que são diferentes em sua essência. Trata-se da igualdade almejada por aqueles que adotam uma postura mais humanista e que buscam o verdadeiro significado da palavra.

Todavia, não é o que se verifica na realidade, haja vista a dificuldade de graduar os ní veis de desigualdade e igualdade, para que se dê o equll íbrio almejado (FERRAJOLI, 2002).

Por conseguinte, da dificuladade de graduação dos níveis de desigualdade e das múltiplas definições do princípio em tela, "os indivíduos, na tentativa de serem iguais, tornam-se cada vez mais desiguais, e, consequentemente, a igualdade desejada se torna apenas aparente, sem substância e materialidade" (COSTA JUNIOR, 1986, p.58).

A parcialidade inerente ao ser humano é o maior obstáculo à aplicação do princípio da igualdade, uma vez que ela pressupõe um desequilíbrio no qual o pêndulo mais pesado da balança sempre irá prevalecer, isto é, os interessados em manter a desigualdade sempre terão êxito na concretização de seus objetivos. Ademais, o Direito é feito por aqueles que detêm o poder econômico e social e estes são fervorosos defensores da desigualdade; por meio desse instrumento de controle social, nunca atingiremos a almejada igualdade material (MOURA, 2006, p.59).

Nessa ordem de idéias, surge a necessidade do reconhecimento da co-culpabilidade como forma de buscar e concretizar o princlpio da igualdade, bem como amenizar as desigualdades sociais e econômicas.

O reconhecimento da co-culpabilidade é necessário, uma vez que o legislador penal e o estudioso do Direito Penal deixarão de ser meros espectadores da vida social e passarão a atuar efetivamente na concretização do princípio da igualdade, ou melhor, na atenuação das desigualdades sociais surgidas em um país marginal (MOURA, 2006, p.60).

Portanto, o reconhecimento da parcela de responsabilidade que tem o Estado no cometimento dos delitos praticados por pessoas que têm menor poder de autodeterminação em virtude de suas condições sociais é a melhor maneira de aplicar a igualdade material, haja vista que, dessa forma, trataremos de maneira específica, aqueles que estão a margem das oportunidades oferecidas pelo Estado (GRECO, 2010).

Assim, impõe-se aos Estado sua parcela de responsabilidade e, em contra- partida, diminui-se a reprovação penal do cidadão que se encontra em condições socioeconômicas adversas, com o objetivo de diminuir as desigualdades (MOURA, 2006).

Por derradeiro, diante do exposto, podemos concluir que o princípio da co-culpabilidade está em constante interação com o princípio da igualdade, visto que enseja não só à igualdade formal, "mas também aproxima o Direito da tão sonhada igualdade material, consubstanciada na igualdade de oportunidades" (MOURA, 2006, p.61).

4.3 Princípio da dignidade da pessoa humana

O princípio da dignidade da pessoa humana está previsto na Constituição como um dos fundamentos da República Federativa do Brasil, nos termos do artigo 1º, inciso III[14].

Com efeito, a dignidade da pessoa humana é um valor supremo que nomeia todo o ordenamento jurídico nacional. Portanto, "deve ser buscada em todos os institutos jurídicos e ser aplicada pelos três poderes republicanos" (BITENCOURT, 2007, p.65).

Por seu turno, o ser humano, para ser digno, deve estar incluído socialmente. Não basta, aqui, a mera inclusão social formal. Ao contrário, tal inclusão deve ser substancial e efetiva, hábil a concretizar seu desenvolvimento pleno e irrenunciável (GRECO, 2010).

Ademais, a dignidade da pessoa humana decorre do chamado personalismo axiológico', segundo o qual o direito deve se pautar sempre com a finalidade de

---

[14] Artigo 1 : República Federativa do Brasil, formada pela união indissolúvel dos Estados e Municípios e do Distrito Federal, constitui-se em Estado Democráiico de Direito tem como fundamentos: III a dignidade da pessoa humana

promover o bem estar pleno do homem, pois este passa a ser o centro de todo o valor, sendo o verdadeiro sujeito do Direito (MOURA, 2006).

No entanto, imperioso ressaltar que, com o advento do Estado Democrático de Direito, o Estado assumiu diversas funções com a finalidade de promover o bem comum e, por conseguinte, a dignidade da pessoa humana, mediante a concretização de seus deveres constitucionais[15].

Ocorre que, o Estado não consegue cumprir seus deveres por vários motivos, quais sejam: ineficiência dos governantes, inchaço na máquina administrativa, falta de recursos, corrupção, interesses políticos, modo capitalista de produção, aspecto histórico, desigualdades sociais, globalização e etc (GRECO, 2010).

Neste diapasão, a co-culpabilidade apenas reconhece a

---

[15] O personalismo axiológico consiste em reconhecer que " no centro de nossa concepção axiológica situa-se, pois, a idéia do homem como ente que, a um só tempo, é e deve ser, tendo consciência dessa dignidade. É dessa autoconsciência que nasce a idéia de pessoa, segundo a qual não se é homem pelo mero fato de exisitir, mas pelo significado e o sentido da existência" (REAL E, 2002, p.2 11).
'Deveres constitucionais: segurança pública, moradia, oportunidades iguais. reconhecimento dos direitos sociais etc.

ineficiência do Estado na promoção da dignidade da pessoa humana e, portanto, tenta amenizar os efeitos da exclusão social decorrentes da desigualdade de oportunidades, reconhecendo o acusado como sujeito de direitos, e não como objeto do mesmo (SANTOS, 2004).

A aplicação do princípio da co-culpabilidade é um instrumento indispensável no reconhecimento na co-responsabilidade do Estado, que não leva aos seus cidadãos à dignidade da pessoa humana. Trata-se, sem dúvida, de reconhecer o direito a dignidade do acusado, evitando a reiticação do homem (MOURA, 2006, p.63).

4.4 Princípio da individualização da pena

O princípio da individualização da pena, estudado juntamente com o princípio da pessoalidade[16] da pena, está previsto no artigo 5º, incisos XLV e XLVI, da Constituição da República.

---

[16] 'O princípio da individualização da pena não se confunde com o princípio da pessoalidade da pena, embora estejam estreitamente interligados. Um se refere à cominação, aplicação e execução da pena, no sentido que deve o Direito Penal se voltar às condições pessoais do indivíduo. Já a pessoalidade se refere ao fato de que a pena não pode atingir outra pessoa, senão aquela que cometeu o fato crime.

No passado, principalmente na época dos Estados absolutistas, a prisão tinha caráter meramente provisório, visto que apenas era utilizada enquanto o acusado aguardava a aplicação da verdadeira pena a que era submetido. Logo, não havia a questão da individualização da pena, porque na aplicação da pena de prisão não havia necessidade de individuali zação, dada sua curta duração. Também não havia o princípio da pessoalidade, pois a pena passava da pessoa do condenado para atingir seus familiares em diversos casos, por exemplo a pena de infâmia (GRECO, 2010, p.77).

Vale ressaltar que a individualização e a pessoalidade da pena não são princípios absolutos, visto que, pelo menos por via reflexa, as penas atingem as pessoas que cercam os condenados, principalmente naquelas situações em que o encarcerado é o chefe de família.

Todavia, esse princípio foi instituído com o intuito de limitar a extensão dos efeitos da pena a outras pessoas que não aquelas que cometeram o delito. "Dessa feita, só é passível de pena o agente que praticou o fato- crime. Veda-se a chamada transcedência da pena, ou seja, veda-se o cumprimento da pena Imposta a uma pessoa por outra" (MOURA, 2006, p.32). Importante enaltecer que a individualização passa por tres fases: a primeira é a previsão em abstrato da pena cominada pela lei; a segunda trata-se da pena feita pelo juiz quando da prolação da sentença; e a terceira ocorre com a execução da pena. Em todas essas tases o juiz deve estrita obediência a esse mandamento constitucional.

A individualização é uma das chamadas garantias repressivas, constituindo postulado básico de justiça. Pode ser ela determinada no plano legislativo, quando se estabelecem e disciplinam-se as sanções cabíveis nas várias espécies delituosas, no plano judicial, consagrada no emprego do prudente arbítrio e discrição do juiz, e no momento executório, processada no período de cumprimento da pena e que abrange medidas judiciais e administrati vas, ligadas ao regime penitenciário, à suspensão da pena, ao livramento condicional etc. (MIRABETE, 2007, p.4S).

Portanto, é no momento da fixação da pena quando da prol ação da sentença, em que se torna possível falar em aplicação efetiva do princípio da co- culpabilidade, haja vista que o princípio da individualização da pena decorre do princípio da Igualdade, ou seja, tratando igualmente os iguais e desigualmente os desiguais, na medida de sua desigualdade, devendo a pena ser orientada de acordo com as características pessoais do agente a ser punido. (GRECO, 2010).

Ademais, o princípio da individualização da pena tem por objetivo "limitar o poder punitivo do Estado, mantendo estreita ligação com o princípio da culpabilidade, o que consagra a responsabilidade subjetiva" (MOURA, 2006, p.64). Visto a luz de um perfil histórico pode-se afirmar estarem presentes na individualização da pena instâncias subjetivas e objetivas. De um lado, o objetivismo da Escola Clássica que entendia dever ser a resposta penal adequada a importância do bem jurídico ofendido e a intensidade dessa ofensa. Nesse processo individualizador objetivo se insere o princípio da proporcionalidade. A graduação da sansão penal se faz tendo corno parametro a relevância do bem jurídico tutelado e a gravidade da ofensa contra ele dlrigida e deve ser fixada, pois, tanto na espécie e no quantitativo que lhe sejam proporcionais.

De outro lado se revela atuante o subjetivismo

criminológico, posto que na individualização judiciária, e na executória, o concreto da pessoa do delinquente tem importância fundamental na sanção efetivamente aplicada e no seu modo de execução. A co-culpabilidade, como forma de reconhecimento material da reprovação social e pessoal do agente, portanto, concretiza o princípio da individualização da pena, visto que personaliza. individualiza e materializa a aplicação e a execução da pena, levando em conta as condições pessoais e sociais do autor do delito. Isso que resultará na maior efetividade no que tange às funções por ela — sanção penal — propostas (BITENCOURT, 2007, p.1 5).

Com efeito, a positivação do princípio da co-culpabilidade no Código Penal brasileiro propiciará ao julgador considerar na aplicação e execução da pena outras circuntâncias relevantes que circundam o delito, isto é, as condições de miserabilidade e desemprego, enfim, as condições socioeconômicas do agente, desde que estas tenham influência na prática do fato crime.

Assim, a pena do agente será ainda mais individualizada não só no aspccto abstrato por meio da previsão legal de mais de uma circunstância que altera o limite e a medida da pena, mas também na sua concretização, quando de sua aplicação e execução, pois se estará considerando as diversas nuanças que permeiam o delito, fazendo-se justiça no caso concreto (MOURA, 2006, p.65).

4.5 O Pluralismo jurídico

Pluralismo jurídico consiste no reconhecimento da diversividade, da autonomia, das liberdades e do respeito aos diversos grupos existentes na sociedade, concretizando a democracia, ou seja, é a participação de todos nos direitos e deveres trazidos pelas normas jurídicas.

A constituição de 1988 foi elaborada com a participação de diversos grupos e setores sociais e, de certa maneira, retrata os pensamentos e anseios desses grupos, ou seja, é uma Constituição plural, o que fica claro em seu preâmbulo[17] (MOURA, 2006, p.61).

---

[17] Nós, representantes do povo brasileiro, reunidos em Assembléia Nacional Constituinte para instituit um Estado Democrático, destinado a assegurar o exercício dos direitos sociais e individuais, a liberdade, a segurança, o bem-estar, o desenvolvimento, a igualdade e a justiça como valores supremos de uma sociedade fraterna,

Todavia, a disposição do art. 3º, inciso III, da CRFB/88, trata dos objetivos fundamentais da República Federativa do Brasil, mas precisamente no que tange à erradicar a pobreza e a marginalização e reduzir as desigualdades sociais e regionais. In verbi:

> Artigo 3º Constituem objetivos fundamentais da República Federativa do Brasil:
> III — erradicar a pobreza e a marginalizaçào e reduzir as desigualdades sociais
> e regionais.

Assim, a co-culpabllidade como o reconhecimento, pelo Estado, de sua ineficiência em atingir seus objetivos, pricipalmente o disposto no art 3º, inciso III, da Constituição Federal, é o próprio respeito as classes sociais menos favorecidas e marginalizadas, que favorecidas e marginalizadas, que propõe a legalização do pluralismo jurídico, "perfilhando o verdadeiro espírito democrático em um mundo democrático, onde deve haver o reconhecimento das minorias" (GRECO, 2010, p.51).

---

pluralista e sem preconceitos, fundada na harmonia social e comprometida, na ordem interna e internacional, com a solução pacífica das contros'érsias, promulgamos, sob a proteção de Deus, a seguinte CONSTITUIÇÃO DA REPÚBLICA FEDERATIVA DO BRAS IL.

5.   A CO-CULPABILI DADE E A POLÍTICA CRIMINAL BRASILEIRA

5.1   Prolegômenos

Do incessante processo de mudança social, dos resultados que apresentem novas ou antigas propostas do Direito Penal, das revelações empíricas propiciadas pelo desempenho das instituições que integram o sistema penal, dos avanços e descobertas da criminologia, surgem princípios e recomendações para a reforma e a transformação da legislação criminal e dos órgãos encarregados de sua aplicação. A esse conjunto de princípios e recomendações denomina-se política criminal (BATISTA, 2001).

Assim, a política criminal é importante fator de transformação da legislação penal e do comportamento de todos aqueles que a aplicam e interpretam, formando um modelo integrado com a dogmática jurídico-penal e a criminologia (MOURA, 2006, p.105)

Nesse sentido, o princípio da co-culpabilidade tem por objeto o reconhecimento da parcela de responsabilldade que a sociedade tem no cometimento de determinados delitos, transformando a orientação político-criminal brasileira.

5.2   A co-culpabilidade e o critério seletista do Direito Penal

> "O sistema penal abarca não só a dogmática jurídico- penal, mas também a criminologia e a política criminal, portanto engloba aspectos políticos, sociológicos e filosóficos" (GRECO, 2010, p.32).

Com efeito, o sistema penal deve ser analisado como instrumento de controle social que condiciona e é condicionado pela vida em sociedde, isto é, o sistema penal não só reflete os valores vigentes em determinada sociedade, como também modifica esses valores ao longo do tempo. Tais valores, porém, são escolhidos e determinados pela classe dominante, fazendo do sistema penal um produto ideológico, ou seja, reflete a ideologia política, sociológica e filosófica da classe privilegiada em determinado momento histórico (MOURA, 2006).

O direito é sempre expressão do poder da classe dominante, que impõe seus valores do bem e do mal às classes dominadas. No século XIX, Marx viria sustentar que o direito é a superestrutura ideológica da classe dominante para submeter as classes exploradas (ZAFFARON I, 2003, p.248).

5.3 A co-culpabilidade e o Direito Penal Mínimo

Os movimentos político-criminais exercem influência na legislação penal. Tendo por escopo essa característica, podemos distinguir dois grandes grupos ou movimentos: os que adotam um Direito Penal Mínimo e aqueles que defendem um Direito Penal Máximo.

Os que defendem o Direito Penal Mínimo buscam a observação de todos os princípios e garantias penais, além de pregarem o uso subsidiário do Dircito penal, isto é, o Direito penal como "ultima ratio". "O Direito Penal deve interferir apenas nas condutas realmente graves e que afetam sobremaneira a convivência social" (MOURA, 2006, p.1 10). Em sentido oposto, os que defendem o Direito Penal Máximo, propõem o uso do Direito Penal para a solução de todos os problemas sociais, inclusive econômicos, gerando uma inflação legislativa.

A co-culpabilidade é corolário do Direito Penal Mínimo e propõe a necessidade de mudança de paradigma no Direito Penal brasileiro.

A positivação da co-culpabilidade gera mais uma disposição na legislação penal, que atenuará ou diminuirá a pena do cidadão. Com efeito, teremos maor possibilidade na concessão de benefícios legais como o sursis, o livramento condicional, a suspensão condicional do processo, dentre outros (GRECO, 2010. p.79).

Ademais, o reconhecimento da co-culpabilidade "gera o propiciamento da não-intervenção penal em casos extremos de exclusão social, ou nos casos em que a exclusão social, econômica e cultural leva o agente ao desconhecimento da lei e, as vezes, a erro, por desconhecer a ilicitude do fato" (MOURA, 2006).

Assim, não resta dúvida de que o reconhecimento da responsabilidade estatal no cometimento de determinados delitos nos leva a crer que o Direito Penal estará diminuindo, e muito, o seu âmbito de atuação, na incessante procura de uma minlmalização do poder punitivo, ao contrário do que vem ocorrendo nos dias

atuais, com o apoio midiático e o movimento de Lei e
Ordem[18].

---

[18] 'Nos últimos anos, especialmente a partir da guerra do Vietnã, o
mundo vem assistindo a um progressivo aumento da criminalidade,
ambora algumas vezes, apenas, aparente. Tal fato e, especialmente, os
crimes atrozes são apresentados por alguns políticos como um
fenômeno terrificante, gerador de insegurança e consequente do
tratamento benigno dispensado pela lei aos criminosos, que, por isso,
não lhe tem respeito. Essa propaganda maciça da fatos assustadores
provoca na população um verdadeiro estado de pânico, do qual se
aproveitam movimentos politicos, geralmente autoritários , para se
paresentarem como detentores da fórmula infalível contra a onda
criminosa , que querem inculcar existir. O remédio milagroso outro
nào é senão a ideologia da repressão, fulcrada no velho regime
punitivo-retributivo, que recebe, agora, o enganoso nome de
movimento de Lei e Ordem" (COSTA JÚNIOR, 1986, p.70).

O que podemos Concluir?

A culpabilidade é o elemento do crime mais controvertido dentro da teoria do delito, cujo conceito é o resultado de uma longa evolução doutrinária.

Inicialmente bastava o nexo causal entre a conduta do sujeito e o resultado pra que houvesse a responsabllização. Com o avanço dos estudos, passou-se a concepção psicológica, caracterizando a culpabllidade como a "vontade reprovável" subjetiva e, posteriormente, excluindo-se os elementos psicológicos, conscrvou-se o critério da reprovabilidade do ato.

Entretanto, nâo pode a culpabilidade ser analisada sob a perspectiva do chamado "homem médio", mas sim com base nas reais condições de cada indivíduo no caso concreto, inclusive no que tange à sua condição em relação ao contexto social em que está inserido. De fato, as circunstâncias sociais influenciam diretamente o âmbito de autodeterminação do indivíduo, de modo que tal aspecto deve ser sopesado quando da aplicação de uma sansão a este pelo cometimento de um delito.

Nesse prisma, a imensa desigualdade social que impera no nosso país é inconteste. As oportunidades oferecidas a algumas pessoas não são oferecidas a outras, num cenário no qual o Estado não cumpre suas verdadeiras funções, deixando à margem da sociedade uma grande parcela de seus cidadãos.

De outro lado, o sistema penal, em que pese declarar-se igualitário, age de forma seletiva, desde a criação dos tipos legais, na seara legislativa, passando pela agência policial e, por fim, na agência judicial.

Somente alguns tipos de delitos e alguns indivíduos são alcançados pela ação destas agências, mas isto decorre da própria incapacidade operacional do sistema.

Esta seletividade opera sempre em relação àquele setor da sociedade que detém menor poder, ou seja, os estratos mais baixos, sendo que o critério de seleção rege-se pela criação de esteriótipos, relacionados aos indivíduos que compõe aqueles estratos, de modo que se pode afirmar que o sistema penal está deslegitimado e, por consequência, o critério por ele utilizado de reprovação dos indivíduos também.

Assim, surge a idéia de co-culpabilidade, ou seja, de

repartição da responsabilidade pela sociedade pelo ato criminoso do indivíduo, à medida que aquela tenha negado as oportunidades com as quais brindou outras pessoas.

A partir deste pensamento, surge a concepção da culpabilidade pela vulnerabilidade do indivíduo, que, de fato, parece ser uma forma de dar efetividade ao persuguido tratamento isonômico pelo Estado, à medida que considera a reprovação pelo cometimento do delito por uma perspecti va mais realista da sociedade.

Com efeito, a aplicação do princípio da co-culpabilidade é perfeitamente possível, tanto nos ordenamentos jurídicos estrangeiros aqui estudados, como no Direito Penal brasileiro. Neste, podem-se destacar o artigo 59 do Código Penal, que considera hipótese de atenuação da pena não prevista expressamente na lei.

Ainda, conforme se pôde vislumbrar, na jurisprudência pátria o princípio da co-culpabilidade, além de ser tema pouco debatido e conhecido, é refutado, na maioria das vezes, com pouca fundamentação específica ou mais aprofundada do assunto.

Entretanto, isto reflete que os operadores do Direito atenuantes na seara criminal, pouco ou nada conhecem do tema, cuja a critica recai especialmente sobre os militantes da advocacia que, como se sabe, são propulsores das idéias debatidas nos Tribunais, e consequentemente, da renovação e solidificação dos precedentes jurisprudenciais.

Enfim, a relevância deste tema não se tem dado o verdadeiro valor no âmbito jurídico brasileiro, razão pela qual, também, a bibliografia é escassa, o que torna imprescindível o aprofundamento do estudo sobre esta tema por todos os operadores do Direito.

REFERÊNCIAS BIBLIOGRÁFICAS

BARACHO, José Afonso de Oliveira. Processo constitucional. Rio de Janeiro: Forense, 1984.

BATISTA, Nilo. Introdução Crítica ao Direito Penal brasileiro. 5 ed. Rio de Janeiro: Renavan, 2001.

BISSOLI FILHO, Franscisco. Estigmas da Criminalização. São Paulo: lmpetus, 2010.

BITENCOURT, Cezar Roberto. Tratado de Direito Penal: parte geral. 11. Ed. São Paulo: Saraiva, 2007.

BRAGA, Luiz Felipe Nobre. A morte do homem médio. Jus Navigandi, Teresina, ano 15, n. 2615, 29 ago. 2010. Disponlvel em: http://jus.uol.cont.br/rcvista/texto/17256 Acesso em: 23 jul. 2011.

BRUNO, Anibal. Direito Penal: parte geral, torno 2: fato punível. 4 ed. Rio de Janeiro: Forense, 1984.

CAPEZ, Fernando. Curso de Direito Penal: parte geral, ed Saraiva, 2005.

COSTA JUNIOR, Paulo José da. Comentários ao Código Penal: parte geral. ed São Paulo: Saraiva, 1986.

DELMANTO, Celso, DELMANTO, Roberto. Código Penal Comentado, 5 ed; Rio de Janeiro: Renovar, 2000.

FRAGOSO, Heleno Cláudio. Lições da Direito Penal. Rio de Janeiro: editora Forense, 1995.

FERRAJOLI, Luigi. Direito e Razão: teoria do garantismo penal. São Paulo: Editora Revista dos Tribunais, 2002.

GRECO, Rogério. Direito Penaí do Equilíbrio: uma visão minimalista do Direito Penal. 5 ed, editora Impetrus, 2010.

JESUS, Damásio E. de. Direito Penal: parte geral. 2b ed. São Paulo: Saraiva, 2007.

KARAM, Maria Lúcia. De crimes, penas e fantasias. 2.ed. Rio de Janeiro: editora Luam, 1993.

MIRABETE, Júllo Fabrinni; FABRINNI, Renato N. Manual de Direito Penal: parte geral. 24 ed. São Paulo: Atlas, 2007.

MOURA, Grégrore Moreira de. Do Princípio da co-culpabilidade no Direito Penal. Niterói: lmpetus, 2006.

NIETZSCHE, Fridrich. Para além do bem e do mal. 3 ed. Trad Alex Marins. São Paulo: Martin Cloret, 2008.

NUCCI, Guilherme de Souza. Manual de Direito Penal: parte geral, parte especial. 2 ed. São Paulo: Editora Revista dos Tribunais, 2007.

PRADO, Luis Regis. Bem jurídico-penal e

Constitucional. 3 ed. São Paulo. Editora Revista dos Tribunais, 2003.

REALE, Miguel. Filosofia do Direito. 20 ed. São Paulo: Saraiva, 2002.

SANTOS, Juarez Cirino dos. A moderna Teoria do fato punível. 3 ed. Curitiba: Fórum, 2004.

SANTOS, Juarez Cirino dos. Direito Penal: A nova parte geral. Rio de Janeiro: Forense, 1985.

TELES, Ney Moura. Direito Penal: parte geral I. ed. São Paulo: Editora de Direito, 1996.

ZAFFARONI, Eugênio Raúl. Teoria del delito, Buenos Aires: Ediar, 1973.

__________, Eugênio Raúl; PIERANGELLI, José Henrique. Manual de Direito Penal Brasileiro: parte geral. 2 ed. São Paulo: Editora Revista dos Tribunais, 1999.

__________,Eugênio Raúl; BATISTA, Nilo; ALAGIA, Alejandro; SLOKAR, Alejandro. Direito Penal Brasileiro; teoria geral do Direito Penal.vol 1.2. ed. Rio de Janeiro: Revan, 2003.

WACQUANT, Loic. Punir os Pobres: A nova gestão da miséria nos Estados Unidos. 3 ed. Editora Revan, 2007.